Ernst Probst

Königinnen des Films in Italien

Gina Lollobrigida - Sophia Loren - Anna Magnani - Giulietta Masina

AF167882

GRIN - Verlag für akademische Texte

Der GRIN Verlag mit Sitz in München hat sich seit der Gründung im Jahr 1998 auf die
Veröffentlichung akademischer Texte spezialisiert.

Die Verlagswebseite www.grin.com ist für Studenten, Hochschullehrer und andere Akade-
miker die ideale Plattform, ihre Fachtexte, Studienarbeiten, Abschlussarbeiten oder Disser-
tationen einem breiten Publikum zu präsentieren.

Ernst Probst

Königinnen des Films in Italien

Gina Lollobrigida - Sophia Loren - Anna Magnani - Giulietta Masina

GRIN Verlag

Bibliografische Information der Deutschen Nationalbibliothek: Die Deutsche Bibliothek
verzeichnet diese Publikation in der Deutschen Nationalbibliografie; detaillierte bibliografische Daten sind im Internet über http://dnb.d-nb.de/ abrufbar.

1. Auflage 2012
Copyright © 2012 GRIN Verlag GmbH
http://www.grin.com
Druck und Bindung: Books on Demand GmbH, Norderstedt Germany
ISBN 978-3-656-27430-8

Gina Lollobrigida

Sophia Loren

Anna Magnani

Giulietta Masina

Ernst Probst

Königinnen des Films in Italien

Gina Lollobrigida – Sophia Loren –
Anna Magnani – Giulietta Masina

Beate Werner,
Bernd Werner,
Marianne Werner,
Otto Werner,
Sonja Werner,
Dr. Jochen Werner,
Christine Werner und
Steffen Werner
gewidmet

Inhalt

Gina Lollobrigida im Jahre 1981

Vorwort

Königinnen des Films in Italien

Königinnen des Films in Italien stellt der Wiesbadener Autor Ernst Probst in seinem gleichnamigen Taschenbuch in Wort und Bild vor. Die Kurzbiografien befassen sich mit Gina Lollobrigida, Sophia Loren, Anna Magnani und Giulietta Masina. Geschildert werden nicht nur die Höhen, sondern auch die Tiefen in der künstlerischen Karriere sowie im Privatleben dieser Stars auf der Kinoleinwand.

Gina Lollobrigida galt in ihrer Glanzzeit als „die schönste Frau der Welt" und als „die Mona Lisa des 20. Jahrhunderts". Sophia Loren strafte einen Freund Lügen, der meinte, sie habe eine zu lange Nase, einen zu großen Mund, viel zu breite Hüften und müsse sich „total umbauen lassen", wenn sie eine ernsthafte Schauspielerin werden wolle. Anna Magnani, die „Urmutter des italienischen Films", brachte auf der Kinoleinwand perfekt die Bitterkeit und den Humor der Nachkriegszeit ihres Heimatlandes zum Ausdruck. Giulietta Masina, eine der führenden Charakterdarstellerinnen Italiens, spielte die Hauptrolle ihres Lebens in dem Streifen „La Strada", in dem sie als tragikomische Prostituierte Gelsonima die Zuschauer lachen und weinen ließ.

Biografien berühmter Frauen sind eine Spezialität von Ernst Probst. Unter seinen mehr als 200 Büchern, Taschenbüchern, Broschüren und E-Books befinden sich zahlreiche Titel, die sich mit „Superfrauen" befassen.

Gina Lollobrigida

Gina Lollobrigida

Die „Lollo" – der Stern der 1950-er Jahre

Italiens populärste Filmschauspielerin der 1950-er
Jahre war Gina Lollobrigida, geborene Luigina
Mercuri. In ihrer Glanzzeit galt die „Lollo" als „die
schönste Frau der Welt". Man bezeichnete sie auch als
„die Mona Lisa des 20. Jahrhunderts". Ihr Stern
verblasste in den 1960-er Jahren, als ihre Landsmännin
und sieben Jahre jüngere Intimfeindin Sophia Loren ihr
auf der Kinoleinwand und in den Medien immer mehr
die Schau stahl.
Luigina Mercuri wurde am 4. Juli 1927 als zweitältestes
von vier Mädchen des Möbelfabrikanten Giovanni
Mercuri und seiner Ehefrau Guiseppina im Dorf Subiaco in den Abruzzen geboren. Sie selbst bezeichnete
später 1932 als ihr Geburtsjahr, vermutlich weil sie sich
fünf Jahre jünger machen wollte. Ihre Schwestern heißen
Giuliana, Maria und Fernanda. Bereits als Dreijährige
kürte man sie zum „schönsten Kleinkind Italiens".
1935 feierte Luigina als kleiner Matrose mit einer
Gruppe von Amateurschauspielern ihr Debüt auf der
Theaterbühne. Außer einem schulfreien Tag hatte dieser
Auftritt keine weiteren Folgen. Die Eltern ließen Luigina
privat in Gesang, Tanz, Zeichnen und Sprachen unter-
richten.

Die Familie Mercuri verließ 1944 Subiaco, nachdem ihr
Haus und ihre kleine Fabrik bei Kriegsende zerstört
worden waren, und fand zunächst in Todi und 1945 in
Rom eine neue Heimat. In der italienischen Hauptstadt
war der Vater arbeitslos, und die Familie lebte unter
bescheidenen Verhältnissen. Damals zeichnete Luigina
für ein paar Lire Karikaturen und Porträts von amerikanischen Soldaten, während ihre Schwestern Giuliana
und Maria als Platzanweiserinnen in einem Kino
arbeiteten.

1946 besserte sich die finanzielle Lage der Familie
Mercuri, die nun in ein Apartment in der Via Montebello
einzog. Dank eines Stipendiums konnte Luigina an der
römischen Kunsthochschule „Liceo artistico" Bildhauerei und Malerei studieren und sich nebenbei als
Opernsängerin ausbilden lassen.

Eines Tages fragte der Regisseur Stefano Canzio die
attraktive Luigina auf der Straße, ob sie in einem Film
mitspielen wolle, und diese willigte ein. 1946 spielte
Luigina in den Streifen „Aquila Nera" („Schwarzer
Adler"), „Lucia di Lammermoor" und 1947 in „L'elisir
d'amore" kleine Statistenrollen. Der italienische Produzent Mario Costa (1910–1995) engagierte sie 1947
für den Film „Follie per l'opera" („Der Opernrausch").
Vom 3. Mai bis 5. Oktober 1947 sah man Luigina unter
dem Pseudonym „Diana Loris" in 22 Episoden des
Fotoromans „In fondo al cuore" im Magazin „Mio
Sogno". Im Sommer jenes Jahres erreichte sie bei der

Wahl der „Miss Roma" den zweiten und bei der Wahl der „Miss Italia" den dritten Platz. „Miss Italia" wurde Lucia Bosé, die später mehr als 50 Filme drehte. 1948 trat die „Lollo" in dem Film „I pagliacci" („Bajazzo") unter der Regie von Mario Costa auf.

Guiseppina Mercuri riet ihrer Tochter Luigina einmal: „Kind, wenn du jemals heiratest, dann gibt es nur zwei Männer: einen Arzt oder einen Anwalt, dann bist du versorgt". Ihre Tochter beherzigte diesen gutgemeinten Ratschlag: Am 4. Januar 1949 heiratete Gina im Wintersportort Terminillo den emigrierten jugoslawischen Arzt Dr. Milko Skofic, der bald darauf seine Praxis schloss und seine Frau jahrelang als Manager betreute.

Der erste entscheidende künstlerische Erfolg für Gina Lollobrigida – so ihr Künstlername – stellte sich mit dem Film „Campane e martello" („Sturmglocken", 1949) ein. Danach lehnte sie ein Angebot der „J. A. Rank-Film" in Großbritannien ab. 1950 folgten die Streifen „Cuori senza frontiere" („Herzen kennen keine Grenzen" und „Miss Italia".

Der amerikanische Filmregisseur und Milliardär Howard Hughes (1905–1976) war von Gina Lollobrigidas Streifen „Miss Italia" beeindruckt und lud sie nach Hollywood ein. Auf Anraten ihres Mannes ging die Schauspielerin nach Amerika, fühlte sich aber in der Atmosphäre von Hollywood nicht wohl. Hughes bot der „Lollo" einen Langzeitvertrag an und drängte sie zur Scheidung von ihrem Mann Milko Skofic, worauf sie verärgert nach Italien zurückkehrte.

Der Aufstieg der „Lollo" zur „Gina nazionale" und zum Weltruhm begann mit dem Film „Fanfan la Tulipe" („Fanfan der Husar", 1952) an der Seite des französischen Schauspielers Gérard Philipe (1922–1959) und mit dem Streifen „Les Belles de nuit" („Die Schönen der Nacht", 1952). Danach weigerte sie sich, in „La signora senza camelie" („Die Dame ohne Kamelie", 1953) zu spielen.

In „Beat the Devil" („Schach dem Teufel", 1953) stand Gina Lollobrigida neben Humphrey Bogart (1899–1957) vor der Kamera. Zusammen mit Erroll Flynn (1909–1959) sah man sie in „Il Maestro di Don Giovanni" („Gekreuzte Klingen", 1953). Nach „Pane, amore e gelosia" („Liebe, Brot und Phantasie", 1953) und „La Romana" („Die freudlose Straße", 1954) galt sie als bestbezahlte Schauspielerin in Europa. Ganz genau auf „Lollo" passte der Filmtitel „La Donna più bella del mondo" („Die schönste Frau der Welt", 1955). Darin sang sie eine Arie aus der Oper „Tosca", wovon sogar Maria Callas (1923–1977), eine der besten Opernsängerinnen im italienischen Fach, begeistert war. Wegen ihrer dunklen Augen, ihres sinnlichen Mundes und ihrer aufregenden Figur war die „Lollo" damals ein Schönheitsideal und der Prototyp einer „Sexbombe".

Als schöne Zigeunerin Esmeralda sah man Gina Lollobrigida neben Anthony Quinn (1915–2001) in dem

Film „Notre Dame de Paris" („Der Glöckner von Notre Dame", 1956). Im Monumentalfilm „Solomon and Sheba" („Salomon und die Königin von Saba", 1959) mimte sie neben Yul Brunner (1920 –1985) als König Salomon die legendäre Königin von Saba.

Mitte der 1950-er Jahre empfing man Gina Lollobrigida bereits am britischen Königshof in London und im „Weißen Haus" in Washington. Ab dieser Zeit stand sie auch für amerikanische und britische Filme vor der Kamera.

Zwischen 1947 und 1990 war Gina Lollobrigida in mehr als 60 Kinofilmen zu sehen. In Hollywood zahlte man ihr angeblich allein für Zigaretten täglich 500 US-Dollar. Mit ihrem Auftritt in „Monsignor Cupido" („Die Puppen", 1965) erregte die „Lollo" den Unwillen des Vatikan. Der Grund: Sie spielte mit nacktem Bauchnabel eine Frau, die einen Priesterschüler verführte. Damals begeisterte sie immer noch das Publikum, geriet aber zunehmend in den Schatten von Sophia Loren.

1968 trennte sich Gina Lollobrigida von ihrem Ehemann Milko Skofic, dem sie 1957 den Sohn Milko geboren hatte.

Anfang der 1970-er Jahre begann Gina Lollobrigida als Fotografin zu arbeiten. Von ihr ließen sich im Laufe der Zeit Fidel Castro, Tito (1892–1980), Henry Kissinger, Paul Newman, Robert Redford, Indira Gandhi (1917– 1984), Christiaan Barnard, (1922–2001), Ronald Reagan (1911–2004), Salvador Dalí (1904–1989) und die

deutsche Fußballnationalelf ablichten. Außerdem pub-
lizierte sie Bildbände über Italien („Italia mia", 1973)
und die Philippinen („Le Filippine"), drehte einen Fern-
sehfilm über Fidel Castro, der 1974 gesendet wurde,
und war als Modefotografin für die Zeitschrift „Vogue"
tätig.
Ein Wiedersehen mit Gina Lollobrigida auf der Kinoleinwand gab es in „Him, Her, Male and Female"
(1984) und „The Bocce Showdown" (1990). Bald darauf
beklagte sie sich darüber, es gäbe für sie keine interes-
santen Rollen mehr.
Gina Lollobrigida erhielt viermal den „Bambi" des
Burda-Verlages als beliebteste ausländische Filmschauspielerin und zahlreiche ausländische Auszeich-
nungen. 1961 verlieh man ihr den „Golden Globe", und
1985 nahm sie aus der Hand des französischen Kul-
turministers Jack Lang das „Offizierskreuz für Kunst
und Wissenschaft" entgegen.
Auf der „Berlinale" in Berlin sorgte Gina Lollobrigida
1986 für Aufsehen. Als Jurypräsidentin distanzierte sie
sich öffentlich von dem deutschen Festivalbeitrag
„Stammheim", der mit dem „Goldenen Bär" ausgezeichnet wurde.
1990 lernte Gina Lollobrigida bei Giacomo Manzù die
Bildhauerei. Bald schuf bald eigene Kunstwerke wie
die riesige Plastik „Fliegende Putte", die 1992 bei der
Weltausstellung in Sevilla im italienischen Pavillon
gezeigt wurde und negative Schlagzeilen machte.

Politiker meinten, diese Plastik habe auf einer renom-
mierten Schau nichts zu suchen. 1994 erschien ihr
Bildband „Wonder of Innocence".
Die künstlerische Laufbahn von Gina Lollobrigida
erfuhr 1997 durch die Aufnahme in die 1563 gegründete
Kunstakademie von Florenz ihre Krönung. Zu ihrem
70. Geburtstag wurde sie 1997 in die Enzyklopädie
berühmter Italiener aufgenommen. Ihre Popularität ging
ihr eher auf die Nerven: „Diejenigen, die mir gratulieren
wollen, sind so zahlreich, dass ich am liebsten ver-
schwände", sagte sie.
Im Mai 1999 wurde bekannt, Gina Lollobrigida wolle
für das EU-Parlament kandidieren. Mit der neu
gegründeten Partei „Die Demokraten" mit Romano
Prodi an der Spitze wollte sie sich verstärkt für die soziale
Gerechtigkeit der Frauen und Kinder in Europa
einsetzen. Doch sie bekam zu wenig Wählerstimmen.
Sogar in ihrem Geburtsort Subiaco mit etwa 5.000
Wahlberechtigten erhielt sie nur 164 Stimmen.
2002 verlieh man Gina Lollobrigida anlässlich ihres 75.
Geburtstages die Ehrenbürgerwürde der italienischen
Stadt Jesolo. Außerdem wurden 1,5 Kilometer Lido-
strand nach ihr benannt. An ihrem 80. Geburtstag feierte
und ehrte man sie 2007 erneut weltweit.
Vom gegenwärtigen Kino hält Gina Lollobrigida nicht
viel. Sie erkärte: „Heute brauchen die Regisseure reichlich
Blut, Special Effects und Gewalt. Ich bevorzuge es, die
alten Filme im Fernsehen zu sehen als neue im Kino."

Filme von Gina Lollobrigida

(Auswahl):

1951: Wunder einer Stimme – Enrico Caruso (Enrico Caruso: Leggenda di una Voce)
1951: Achtung! Banditi!
1952: Fanfan, der Husar (Fanfan la Tulipe)
1952: Die Schönen der Nacht (Les Belles de nuit)
1953: Liebe, Brot und Phantasie (Pane, amore e fantasia)
1953: Schach dem Teufel (Beat the Devil)
1954: Liebe, Brot und Eifersucht (Pane, amore e gelosia)
1955: Die schönste Frau der Welt (La donna più bella del mondo)
1956: Trapez (Trapeze)
1956: Der Glöckner von Notre Dame (Notre Dame de Paris)
1958: Anna von Brooklyn (Anna di Brooklyn)
1959: Salomon und die Königin von Saba (Solomon and Sheba)
1959: Wo der heiße Wind weht (La legge)
1959: Wenn das Blut kocht (Never So Few)
1961: Happy-End im September (Come September)
1962: Kaiserliche Venus (Venere imperiale)

1963: Die Strohpuppe (Woman of Straw)
1965: Fremde Bettgesellen (Strange Bedfellows)
1966: Hotel Paradiso
1966: Die italienische Geliebte (Les Sultans)
1967: Buona Sera, Mrs. Campbell
1971: Matalo (Bad Man's River)
1972: Pinocchio (Le avventure di Pinocchio)
(Fernseh-Miniserie)
1995: 101 Nacht – Die Träume des M. Cinema (Les
cent et une nuits de Simon Cinéma)
1997: XXL

Quelle: Wikipedia

Zitat von Gina Lollobrigida

Frauen geben Fehler leichter zu als Männer,
deshalb sieht es so aus, als machten sie mehr.

Sophia Loren

Sophia Loren

Der italienische Filmstar der 1960-er Jahre

Als Italiens berühmteste Filmschauspielerin der 1960-er Jahre gilt Sophia Loren, geborene Sofia Villani, adoptierte Scicolone. Mit eisernem Willen, ungewöhnlicher Schönheit und großer Liebenswürdigkeit boxte sie sich vom bettelarmen Kind zum bewunderten Weltstar durch. Ihr Erfolg strafte einen Freund Lügen, der meinte, sie habe eine zu lange Nase, einen zu großen Mund, viel zu breite Hüften und müsse sich „total umbauen lassen", wenn sie eine ernsthafte Schauspielerin werden wolle.

Sofias Mutter Romilda Villani hatte in jungen Jahren den Wettbewerb des Filmstudios „Metro-Goldwyn-Mayer" („MGM"), in dem man ein Double für die schwedisch-amerikanische Filmschauspielerin Greta Garbo (1905–1990) suchte, gewonnen. Danach wirkte sie 1932 an dem Film „Gioventù eroica" mit, der allerdings wegen finanzieller Probleme nicht fertig gestellt wurde.

An einem Novemberabend 1933 lernte Romilda Villani in Rom den Sohn einer gut situierten Familie namens Riccardo Scicolone kennen, der Ingenieurtechnik studierte. Aus dieser Verbindung gingen am 20. September 1934 in Rom die Tochter Sofia und im Mai 1938 die Tochter Maria hervor. Sofia erhielt den Vornamen von Riccardos Mutter, Maria den von Riccardos erster Schwester.

Weil sich Riccardo Scicolone wenig um sie kümmerte und sie nicht heiratete, zog Romilda Villani 1941 mit ihren beiden Töchtern zu ihren Eltern in den Arbeitervorwort Pozzuoli von Neapel. Dort teilte ihr eines Tages Riccardos Mutter telefonisch mit, ihr Sohn habe eine andere, nämlich Nella Rivolta, geheiratet. Riccardo ließ sich in Foligno nieder, zeugte zwei Söhne und heiratete später die Deutsche Carol Hank.

Wegen der schlanken Figur Sofias riefen ihr andere Kinder den Spitznamen „Stedietto" („Stock") hinterher, denn ihre Oberweite begann erst mit 14 Jahren zu sprießen. Die lebhafte Sofia besuchte in Pozzuoli die Pfarrschule und das Lehrerinstitut und wollte gerne Lehrerin werden. Aber ihre ehrgeizige Mutter plante, ihrer ungewöhnlich attraktiven Tochter den Weg zum Film zu bahnen, der ihr selbst verwehrt geblieben war.

Als 14-Jährige gewann Sofia den zweiten Preis bei der Wahl der neapolitanischen „Prinzessin des Meeres", als 16-Jährige wurde sie in Salsomaggiore „Miss Eleganza". Mit 17 zog sie nach Rom, wo sie zeitweise unter dem Pseudonym „Sophia Lazzaro" als Fotomodell bei einem Zeitschriftenverlag für eine Comicstrip-Serie und als Statistin in den Filmstudios von „Cinecittà" arbeitete.

Ihre ersten kleinen Filmrollen bekam Sophia in „Herzen unter Wasser" (1949) und – zusammen mit ihrer Mutter – als Komparsin in „Quo vadis" (1950). Als man 1950 die „Miss Rom" wählte, wurde sie nur zweite, aber dabei fiel sie dem italienischen Filmproduzenten Carlo Ponti (1912–2007) auf. Er gab ihr eine kleine Rolle in „La tratta delle bianchi" („Mädchenhandel", 1952), förderte ihre Karriere, ließ sie Schauspielunterricht nehmen und prägte rein äußerlich ihren Typ.

Angeblich schlug der Produzent Giovanni Roccardi das Pseudonym „Sophia Loren" vor. Unter diesem Künstlernamen spielte sie in dem Film „Africa sotto i mari" („Weiße Frau in Afrika", 1953) ihre erste Hauptrolle. 1953 bot ihr Carlo Ponti einen langfristigen Vertrag an. Fortan verkörperte sie auf der Kinoleinwand den Typ des schönen, etwas leichtfertigen Mädchens.

In der Folgezeit drehte Sophia Loren unter anderem die Streifen „L'oro di Napoli" („Das Gold von Neapel", 1954), „La donna del fiume" („Die Frau vom Fluß", 1954) und „Peccato che sia una canaglia" („Schade, dass du eine Kanaille bist", 1955). Bald war ihr Filmruhm so groß wie der ihrer damaligen Konkurrentin Gina Lollobrigida.

Der erste Hollywoodfilm der Loren hieß „The Pride and the Passion" („Stolz und Leidenschaft", 1957). Große Erfolge wurden die Streifen „Houseboat" („Hausboot", 1958) gemeinsam mit Cary Grant (1904–1986), „The Black Orchid" („Die schwarze Orchidee",

1959) und „It Started in Naples" („Es begann in Neapel", 1960) zusammen mit Clark Gable (1901–1960).
Den internationalen Durchbruch schaffte Sophia Loren in dem Film „La ciociara" („Und dennoch leben
sie", 1960) unter der Regie von Vittoria De Sica (1901–
1974). Darin brachte sie überzeugend ihre eigenen
Kindheitserfahrungen auf die Kinoleinwand und
vermittelte glaubhaft den Schmerz des Zweiten
Weltkrieges. Für ihre Rolle in diesem Werk erhielt sie
1961 ihren ersten „Oscar" als beste ausländische
Darstellerin. Ihren Ruhm als Hollywood-Star mehrte
sie durch den Monumentalfilm „El Cid" (1961).
Im September 1957 heiratete Sophia Loren den 21
Jahre älteren Carlo Ponti. Er ließ in Mexiko eine
„Fernscheidung" von seiner früheren Ehefrau Giuliana Fiastri vornehmen, war aber nach italienischem
Recht trotzdem noch verheiratet und wurde deswegen
zusammen mit der Loren in Italien wegen Bigamie
angeklagt. Ponti und seine erste Frau nahmen schließlich
die französische Staatsbürgerschaft an und ließen sich
im Dezember 1965 nach französischem Recht scheiden.
Am 9. April 1966 wurden Carlo Ponti und Sophia Loren
in Sèvres bei Paris standesamtlich getraut. 1968 kam ihr
Sohn Carlo und 1973 ihr Sohn Edoardo zur Welt.
Ersterer wurde später Schauspieler und Pianist, letzterer
Schriftsteller und Schauspieler. Sophias Schwester Anna Maria Scicolone war die erste Ehefrau des Kon-
zertpianisten Romano Mussolini, des dritten und

jüngsten Sohnes des italienischen Diktators Benito Mussolini (1883–1945). Aus dieser Ehe, die später geschieden wurde, gingen die Töchter Allesandra und Elisabetta hervor.

Sophia Loren förderte früh die künstlerische Karriere ihrer 1962 geborenen Nichte Alessandra Mussolini, die später als neofaschistische Politikerin für Schlagzeilen sorgte. Mit ihr zusammen spielte sie in den Filmen „Bianco, rosso, e ..." („Die Sünde", 1972) und „Una giornata particolare" („Ein besonderer Tag", 1973), „Qualcosa di biondo" („Etwas in Blond", 1984) und „Sabato domenica e lunedí" („Samstag, Sonntag, Montag", 1990). Ermutigt von ihrer Tante präsentierte sich Alessandra im August 1983 nackt auf dem Titelblatt des italienischen „Playboy".

Als 44-Jährige ließ Sophia Loren von dem amerikanischen Journalisten A. E. Hotchener ihre Biografie „Sophia – Leben und Lieben" schreiben. Dieses Buch wurde 1979 veröffentlicht. Darin verriet die Loren unter anderem, sie habe übersinnliche Wahrnehmungen und unheimliche Vorahnungen, sei abergläubisch und trage immer etwas Rotes und wenn es nur ein Stückchen Unterwäsche sei.

1981 verurteilte man Sophia Loren wegen einer Steuerhinterziehung in Italien zu 30 Tagen Gefängnis, die sie im Mai/Juni 1982 im Frauengefängnis von Caserta absaß. Im November 1992 wurde sie in Genf – als Nachfolgerin der erkrankten Schauspielerin Audrey

Hepburn (1929–1993) – zur Sonderbotschafterin des
UNO-Flüchtlingskommissariats („UNHCR") ernannt.
Nach sechsjähriger Drehpause versuchte Sophia Loren
in dem Film „Etwas in Blond" (1984) ein Comeback.
In diesem Streifen wirkte außer ihrer Nichte Alessandra
auch ihr elfjähriger Sohn Edoardo mit. Zu den
Liebhabereien der Loren gehört das Kochen. Von ihr
stammt das Kochbuch „In cucina con amore" („Mit
Liebe kochen"). 1994 wirkte sie in dem Film „Ready to
Wear" („Prêt-à-Porter") von Robert Altmann (1925–
2006) mit. Seit 1994 ist sie mit einem Stern auf dem
„Hollywood Walk of Fame" vertreten.
Bei der Eröffnungsfeier der „Olympischen Winterspiele
2006" in Turin trug Sophia Loren zusammen mit
anderen Prominenten die „Olympische Flagge" ins
Turiner Olympiastadion.
In der Nacht zum 10. Januar 2007 starb Carlo Ponti in
einem Genfer Krankenhaus im Alter von 94 Jahren an
den Folgen einer Lungenentzündung. Die Beisetzung
erfolgte in seinem Geburtsort Magenta in der Provinz
Mailand. Nach dem Tod ihres Ehemannes zog sich die
Loren mehr als ein Vierteljahr von öffentlichen Auf-
tritten zurück. Danach erschien sie zu Preisverleihungen
in Spanien („Espiga de Oro"), Deutschland („Bambi")
und Italien („Marc Aurel-Preis").
2007 posierte Sophia Loren im Pirelli-Kalender, was
etliches Aufsehen erregte. In jenem Jahr kündigte die
72-Jährige an, bei einem Aufstieg des Fußballclubs „SSC

Neapel" würde sie noch einmal nackt auftreten. Obwohl dies dem Verein glückte, löste sie ihr Versprechen nicht ein, sondern bezeichnete es als Witz.

Nach langjähriger Abstinenz vor der Filmkamera seit 1996 wirkte Sophia Loren 2009 wieder in einem Hollywood-Film mit. Sie spielte im Musical „Nine" neben Nicole Kidman, Penélope Cruz, Daniel Day-Lewis, Judi Denck und Marion Cotilard.

Am 4. Mai 2011 erhielt Sophia Loren im „Samuel Goldwyn Theatre" in Los Angeles von der „Academy of Motion Picture and Sciences" einen Preis für ihr Lebenswerk.

Filme von Sophia Loren

(Auswahl)

1949: Cuori sul mare
1950: Il voto
1951: Quo vadis?
1951: Anna
1953: Weiße Frau in Afrika (Africa sotto i mari)
1953: Aida
1954: Karussell Neapel (Carosello napoletano)
1954: Die verkaufte Unschuld (Miseria e nobiltà)
1954 Das Gold von Neapel (L'oro di Napoli)
1954 Zwei Nächte mit Cleopatra (Due notti con cleopatra)
1954: Schade, daß du eine Kanaille bist (Peccato che sia una canaglia) erste wirkliche Hauptrolle
1955: Attila, die Geißel Gottes (Attila)
1955: Liebe, Brot und 1000 Küsse (Pane, amore e...)
1956 Stolz und Leidenschaft (The Pride and the Passion)
1956: Der Knabe auf dem Delphin (Boy On A Dolphin)
1956: Wie herrlich, eine Frau zu sein (La fortuna di essere donna)
1957: Die Stadt der Verlorenen (Legend of the Lost)

1957: Begierde unter Ulmen (Desire Under The Elms)
1958: Hausboot (Houseboat)
1958: Die schwarze Orchidee (The Black Orchid)
1960: Es begann in Neapel (It Started in Naples)
1960: Und dennoch leben sie (La ciociara)
1960: Die Dame und der Killer (Heller in Pink Tights)
1960: Prinzessin Olympia (A Breath of Scandal)
1960: Die Millionärin (The Millionairess)
1961: El Cid (El Cid)
1961: Ungezähmte Catherine (Madame Sans Gêne)
1961: Boccaccio 70 (Boccaccio 70)
1962: Die dritte Dimension (La troisième dimension)
1962: Die Eingeschlossenen von Altona (I sequestrati di Altona / Les Sequestres D'Altona)
1963: Gestern, heute und morgen (Ieri, oggi, domani / Hier, Aujourd'Hui, Demain)
1963: Der Untergang des Römischen Reiches (The Fall of the Roman Empire)
1964: Hochzeit auf italienisch (Matrimonio all'italiana) Oscar-Nominierung
1964: Geheimaktion Crossbow (Operation Crossbow)
1965: Lady L (Lady L)
1966: Judith (Judith)
1966: Arabeske (Arabesque)

1966: Die Gräfin von Hongkong (A Countess From Hongkong)
1967: Schöne Isabella (C'era una volta…)
1969: Sonnenblumen (I girasoli)
1970 Die Frau des Priesters (La moglie del prete)
1972 Der Mann von La Mancha (Man of La Mancha / L'uomo della Mancha)
1973: Die Reise nach Palermo (Il viaggio / Le voyage)
1974: Das Urteil (Verdict)
1974: Die Puppe des Gangsters (La pupa del gangster)
1976: Treffpunkt Todesbrücke (Cassandra Crossing)
1977: Angela (Angela)
1977: Ein besonderer Tag (Una giornata particolare / Une journée particulière)
1978: Verstecktes Ziel (Brass Target)
1978: Blutfehde (Fatto di sangue fra due uomini per causa: di una vedova, si sospettano moventi politici)
1979: Firepower (Firepower)
1984: Etwas in Blond (Qualcosa di biondo)
1995: Prêt-à-porter
1995: Der dritte Frühling – Freunde, Feinde, Fisch & Frauen (Grumpier Old Men)
2002: Zwischen Fremden (Between Strangers)
2009: Nine
2010: La mia casa è piena di specchi (TV Film)

Quelle: Wikipedia

Zitate von Sophia Loren

Die Phantasie des Mannes
ist die beste Waffe der Frau.

Ich kann in zwölf Sprachen Nein sagen -
das ist unerlässlich für eine Frau,
die weit herumkommt.

Wer zu lange ein Auge zugedrückt hat,
dem werden eines Tages plötzlich beide aufgehen.

Anna Magnani (1908–1973),
Zeichnung von Marc Heiko Ulrich, Kunstzeichner.de

Anna Magnani

Die „Urmutter des italienischen Films"

Eine der talentiertesten Schauspielerinnen der Welt war die Künstlerin Anna Magnani (1908–1973), die man als „Urmutter des italienischen Films" bezeichnete. Auf der Kinoleinwand brachte die 1,60 Meter große Künstlerin mit ihrem scharf geschnittenen Gesicht und ihren großen finsteren Augen perfekt sowohl die Bitterkeit als auch den Humor der Nachkriegszeit in Italien zum Ausdruck. Oft spielte sie einfache Frauen aus dem Volk, die um ihre Liebe, ihr Glück oder ihre Kinder leidenschaftlich kämpften.

Anna Magnani wurde am 7. März 1908 unehelich in Rom geboren – und nicht in Ägypten, wie es in einigen Biografien heißt. Sie erhielt den Familiennamen ihrer jungen Mutter Marina Magnani, die als Näherin arbeitete. Ihren aus Kalabrien stammenden Vater, dessen Namen sie nicht wusste, sah sie nie, weil er verschwand, als sie einen Monat alt war.

Die Mutter ging 1911 als 18-Jährige alleine nach Alexandria in Ägypten, um dort zu arbeiten und Geld zu verdienen. Zurück ließ sie ihre dreijährige Tochter, die fortan von ihrer Großmutter mütterlicherseits erzogen wurde und in ärmlichen Verhältnissen im

römischen Arbeiterviertel Trastevere aufwuchs. Erst im
Alter von neun Jahren sah Anna ihre Mutter wieder, die
angeblich in Ägypten einen wohlhabenden Österreicher
geheiratet hatte.

1915 kam die siebenjährige Anna Magnani in ein von
katholischen Nonnen geleitetes Internat in Trinita bei
Monti. Dort lernte sie die französische Sprache und
Klavierspielen. Sie war sehr musikalisch, hatte eine tiefe
Singstimme und beherrschte irgendwann auch die
Gitarre. 1923 wechselte sie auf ein Gymnasium.

1925 begann die 17-jährige Anna Magnani eine Ausbildung an der „Accademia d'Arte Drammatica Eleo-
nora Duse" („Akademie der Dramatischen Künste")
in Rom. Diese Ausbildung finanzierte sie mit Auftrit-
ten in Nachtlokalen, wo sie als Sängerin gepfefferte
dialektgefärbte römische Gassenhauer – so genannte
„stornélli" – zum Besten gab. Bereits nach Ablauf der
halben Ausbildungszeit verließ sie die Akademie und
schloss sich Wanderbühnen an, bei denen sie auftrat.
Zu ihrem Repertoire gehörten bald Komödien, Sing-
spiele sowie Tragödien von der Klassik bis in die Mo-
derne. Eine Tournee führte sie sogar bis nach Ar-
gentinien in Südamerika.

Erstmals kurz auf der Kinoleinwand sah man Anna
Magnani in dem Stummfilm „Scampolo" („Die
Mädchen der Straße", 1928) von Augusto Genina (1892–
1957). Allerdings wurde ihre kleine Rolle nicht im
Abspann dieses Streifens erwähnt.

1933 lernte die 25-jährige Anna Magnani auf der römischen Experimentierbühne „Tetro Vallo", wo sie
Chansons sang, den Filmregisseur Goffredo Alessandrini (1904–1978) kennen. Er war ihre große Liebe
und wurde 1933 ihr Ehemann.

Ihrem Gatten Alessandrini verdankte Anna Magnani
den Kontakt zu dem Drehbuchautor Nunzio Malasomma (1894–1974). Sie bekam in dessen Streifen „La
cieca di Sorrento" („Die Blinde von Sorrent", 1934)
eine kleine Rolle. Danach wirkte sie in „Tempo
massimo" (1934) und „Quei due" (1935) mit. In
letzterem Film erwähnte man sie wieder nicht im
Abspann. Erneut unter der Regie von Malasomma
spielte sie in „Cavalleria" („Fanny", 1935).

Mitte der 1930-er Jahre arbeitete Anna Magnani am
„Eliseo-Theater" in Rom. Dort wirkte sie an mehreren
Revuen mit. Es folgten die Filme „Trenta secondi
d'amore" (1936), „Marietta, la cameria" („Rivalin der
Zarin", auch bekannt als „La principessa Tarakanova",
1936) und „La fuggitiva" („Wanda Reni", 1940).

Anna Magnani entsprach nicht dem Schönheitsideal der
1930-er Jahre wie andere große weibliche Filmstars jener
Zeit. Doch ihr wirrer Haarwuchs, ihre feurigen und
ausdrucksvollen Augen sowie ihr intensiver Blick
machten sie zu einer Persönlichkeit, deren Zauber man
sich nicht entziehen konnte.

1940 trennten sich Anna Magnani und Goffredo
Alessandrini. Offiziell geschieden wurden beide aber

erst 1950. In den Kriegsjahren von 1940 bis 1944 trat Anna zusammen mit dem bekannten neapolitanischen Komiker Totò (1898–1967) erfolgreich in Revuen auf.

In „Teresa Venerdi" („Verliebte Unschuld", 1941) unter der Regie von Vittorio de Sica (1901–1974) mimte Anna Magnani eine vulgäre Varietetänzerin. Dieser Film wurde auch außerhalb Italiens in den Kinos gezeigt. Allmählich erregte Anna die Aufmerksamkeit des Publikums und der Kritik.

Am 23. Oktober 1942 brachte Anna Magnani ihren unehelichen Sohn Luca zur Welt. Vater dieses Jungen war der Schauspieler Massimo Serato (1916–1989). Wegen Schwangerschaft und Geburt musste Anna auf die angebotene Hauptrolle in dem Regiedebüt „Ossesione" („Besessenheit", 1943) von Luchino Visconti (1906–1976) verzichten. Ihren Sohn zog sie allein auf. Er erkrankte im Alter von zweieinhalb Jahren an Kinderlähmung, wurde in einer Schweizer Klinik behandelt, konnte später mit Krücken gehen und benötigte einen Rollstuhl.

Über Anna Magnani heißt es, sie sei eine Hypochonderin gewesen. Angeblich hatte sie ständig ein Thermometer bei sich, um ihre Körpertemperatur zu messen. Andererseits hatte sie keine Bedenken, oft Zigarren zu rauchen. Es wird ihr auch nachgesagt, sie sei abergläubisch gewesen und hätte gewisse hellseherische Fähigkeiten besessen.

1943 kehrte Anna Magnani zum Filmgeschäft zurück. Damals tobte noch immer der Zweite Weltkrieg (1939–1945) und schränkte ihre Möglichkeiten stark ein. Der Krieg verhinderte, dass sie in internationalen Produktionen mitwirken konnte.

Die Filmografie von Anna Magnani erwähnt für 1943 ein halbes Dutzend Streifen von „L'avventura di Annabella" bis zu „L'ultima carrozella". Eine kleine Rolle spielte sie in „In fiore sotto gli occhi" (1944).

Über Nacht zum Star wurde Anna Magnani durch den Film „Roma, città aperta" („Rom – offene Stadt, 1945), der den von Widerstand, Verrat und Folter geprägten Alltag von Römerinnen unter deutscher Besatzung schildert. Dieser Streifen entstand unter extrem schwierigen Bedingungen im vom Krieg gezeichneten Italien. Er wurde 1944 gedreht, als die letzten deutschen Besatzer gerade Rom verließen. In jenem Film verkörperte Anna Magnani die schwangere Witwe Pina, die in eine Katastrophe getrieben wird. Der Streifen gilt als ein Meisterwerk des italienischen Neorealismus, den er mitbegründete, und wurde auch international ein großer Erfolg.

Regie bei „Rom – offene Stadt" führte der italienische Filmregisseur Roberto Rossellini (1906–1977). Zwischen ihm und der 22 Monate jüngeren Anna Magnani kam es zu einer stürmischen Liebesaffäre. Beide stammten aus Rom und hatten bereits eine gescheiterte Ehe hinter sich. Rossellini war von 1936 bis 1942 mit der Bühnen-

und Kostümbildnerin Marcella De Marchis (1916–2009) verheiratet gewesen und hatte mit ihr zwei Söhne.

Für den Streifen Rom – offene Stadt" erhielt Anna Magnani den ersten „Nastro d'argento", den italienischen „Oscar". Nach ihrer brillanten schauspielerischen Leistung in diesem Film galt sie weltweit als Idealbesetzung für dramatische Rollen. Fortan arbeitete sie überwiegend nicht mehr für das Theater, sondern fast nur noch für den Film.

Für den italienischen Streifen „L'onorevole Angelina" („Abgeordnete Angelina", 1947) arbeitete Anna Magnani am Drehbuch mit. Bei den Filmfestspielen in Venedig zeichnete man sie für ihre Rolle in diesem Werk als beste Darstellerin aus. Ein weltweiter Kassenschlager wurde die Komödie „Molti sogni per le strada" („Straßenträumereien", 1948), in der die Magnani mitwirkte. In „Amore" („Liebe", 1948) stand sie erneut für ihren Lebensgefährten Rossellini vor der Kamera. Begeistert von seinen Filmen „Rom – offene Stadt" (1945) und „Paisà" (1946) bot die schwedische Schauspielerin Ingrid Bergman (1915–1982) dem Regisseur Roberto Rossellini brieflich ihre Mitarbeit an. Daraufhin gab Rossellini ihr die Hauptrolle für „Stromboli" (1950), die er ursprünglich seiner Geliebten Anna Magnani versprochen hatte. Bei den Dreharbeiten verliebten sich Rossellini und die damals noch mit dem Zahnarzt Petter Lindström verheiratete Bergman. Die Bergman wurde schwanger und kehrte ihrem Ehemann und ihrer Tochter Pia den Rücken, um mit Rossellini zusammenleben zu können.

Tief verletzt stürzte sich die von Roberto Rossellini verlassene Anna Magnani in ihre Arbeit. Unter dem Namen „Ann Magnani" glänzte sie in dem Film „Vulcano" (1950) unter der Regie von William Dieterle (1893–1972). „Vulcano" gilt als Konkurrenzstreifen für „Stromboli". Die Bergman drehte auf der Vulkaninsel Stromboli, die Magnani auf der benachbarten Vulkaninsel Vulcano. Beide Filme handelten von der Isolation einer Außenseiterin in einer fest gefügten Gesellschaft.

Anna Magnani spielte damals die Prostituierte Maddalena, die von der Polizei auf ihre Heimatinsel Vulcano zurückgebracht wurde, der sie vor 18 Jahren den Rücken gekehrt hatte. Diese Insel durfte sie nicht verlassen. Deren Bewohner standen ihr von Anfang an abweisend gegenüber. Nur ihre jüngere Schwester Maria freute sich über ihre Rückkehr, doch bald bekam auch sie die Ablehnung zu spüren. Nachdem man die beiden Schwestern von den auf der Insel üblichen Tätigkeiten ausschloss, arbeiteten sie auf dem Boot von Donato, der vorgab, ein Taucher zu sein. Maria verliebte sich in den attraktiven Donato, doch Maddalena misstraute ihm und befürchtete, dass Maria den gleichen Fehler begehen könnte wie sie einst.

Roberto Rossellini heiratete 1950 Ingrid Bergman und zeugte mit ihr drei Kinder. Er blieb aber auch ihr nicht

treu und wurde 1958 nach einer Affäre mit der Inderin
Sonali Dasgupta von der Bergman geschieden.

In dem Film „Bellissima" (1951) unter der Regie von
Luchino Visconti glänzte Anna Magnani in der Rolle
einer frustrierten Mutter aus dem Volk. Diese Frau hatte
ihre Sehnsüchte und Träume auf ihre Tochter projeziert
und versuchte, aus dieser einen Filmstar zu machen.

Der französische Regisseur Jean Renoir (1894–1979)
verpflichtete Anna Magnani für seine Komödie „La
carrozza d'oro" („Die goldene Karosse", 1952) und war
begeistert von ihr. Er bezeichnete sie später als beste
Schauspielerin, mit der er je zusammengearbeitet habe.

Der amerikanische Schriftsteller Tennessee Williams
(1911–1983) kam persönlich mit seinem Agenten nach
Rom, um Anna Magnani als seine Traumbesetzung für
die Hauptrolle in dem Hollywood-Film „The Rose
Tattoo" („Tätowierte Rose", 1955) zu gewinnen. Er hatte
sein Theaterstück zu einem Filmdrehbuch umgearbeitet.
Anna sagte zu und spielte an der Seite von Burt Lancaster
(1913–1994). Für ihre überzeugende Rolle als italo-
amerikanische Witwe Serafina Delle Rose erhielt sie
1956 als erste Italienerin einen „Oscar" als beste
Schauspielerin. Als ein Journalist sie aus dem Schlaf
risse, um ihr die freudige Nachricht vom „Oscar"-
Gewinn zu überbringen, wollte sie ihm nicht glauben
und beschimpfte ihn als Lügner. Nachdem Bekannte
den „Oscar"-Gewinn bestätigten, traten ihr Freu-
dentränen in die Augen. Bis dahin war sie davon

ausgegangen, nie diese prestigeträchtige Auszeichnung zu erhalten.

Bald galt Anna Magnani als eine der talentiertesten Schauspielerinnen der Welt. In „Wild is the wind" („Wild ist der Wind", 1957) unter der Regie von George Cukor (1899–1983) war Anthony Quinn (1915–2001) ihr Filmpartner. Hierfür erhielt sie bei den „Berliner Filmfestspielen" den Preis als beste Schauspielerin. Für „Nelle cittá l'inferno" („Die Hölle in der Stadt" bzw. „Frauen hinter Gittern", 1959) verlieh ihr Staatspräsident Giovanni Gronchi (1887–1978) den höchsten italienischen Filmpreis „David di Donatello". Danach sah man sie und Marlon Brando (1924–2004) in „The Fugitive Kind" („Der Mann in der Schlangenhaut", 1959) unter der Regie von Sidney Lumet (1924–2011). Als weiterer Meilenstein in ihrer Karriere gilt ihre unvergessene Darstellung in „Mamma Roma" (1962) unter der Regie von Pier Paolo Pasolini (1922–1975).

Erstmals seit einem Jahrzehnt hatte Anna Magnani 1965 in dem Theaterstück „La Lupa" („Die Wölfin") von Giovanni Verga (1840–1922) und in der Inszenierung von Franco Zeffirelli wieder einen Auftritt auf einer Bühne. Mit diesem erfolgreichen Stück gastierte sie in der Reihe „Theater in vier Sprachen" des „Zürcher Schauspielhauses" in Florenz, Zürich, Wien, Paris, Rom und seit 1966 auch am Broadway in New York City. Einen weiteren triumphalen Erfolg auf der Theaterbühne feierte sie in dem Stück „Medea" von Jean Anuilh (1910–1987) unter der Regie von Gian Carlo Menotti (1911–2007).

1971 wirkte Anna Magnani in drei Folgen der italienischen Fernsehserie „Tre donne" mit. Einen letzten Auftritt im Film hatte sie in „Roma" bzw. „Fellinis Roma" (1972) unter der Regie von Federico Fellini (1920–1993). Dabei spielte sie am Schluss sich selbst. Von Anna Magnani sind auch witzige Zitate überliefert. Unter anderem sagte sie: „Die Fantasie der Männer reicht bei weitem nicht aus, um die Realität Frau zu begreifen". „Die Männer wünschen sich eine Frau, mit der man Pferde stehlen kann. Frauen wünschen sich Männer, mit denen man ein Auto kaufen kann". „Wenn Männer sich mit ihrem Kopf beschäftigen, nennt man das denken. Wenn Frauen das Gleiche tun, heißt das frisieren". Ihre Spitznamen waren „La Magnanini" und „Nannarella" gewesen.

Anna Magnani hatte oft eine Menge Freunde um sich, sei es in ihrer Residenz in Rom oder in ihrem Sommerhaus am Meer. Eine große Liebe hegte sie für Hunde und Katzen. Im reiferen Alter glichen ihre Wohnungen regelrecht einem Hundeasyl. Ein Faible hatte sie auch für schnittige Autos.

In ihren letzten Lebensjahren versöhnte sich Anna Magnani mit dem Mann, der sie einst schmählich verlassen und schwer enttäuscht hatte: nämlich mit Roberto Rossellini. Als man ihre Krebserkrankung erkannte, war sie untröstlich. Rossellini wich in den letzten Wochen ihrer Krankheit nicht von ihrer Seite. Am 26. September 1973 starb Anna Magnani als 65-Jährige im Spital „Mater Dei" in Rom an Bauchspeicheldrüsenkrebs. Viele Italiener trauerten um sie. Angeblich kamen mehr als 100.000 Menschen zu ihrem Begräbnis. Ihre letzte Ruhe fand sie im Familienmausoleum von Roberto Rossellini im zwei Stunden Autofahrt von Rom entfernten Felice Circeo. In einer Biografie über sie heißt es, sie habe wie keine andere Schauspielerin die Seele und das Lebensgefühl Italiens verkörpert.

Filme von Anna Magnani

(Auswahl)

1938: Rivalin der Zarin (Tarakanowa)
1941: Verliebte Unschuld (Teresa Venerdì)
1943: Campo de Fiori
1944: Närrisches Quartett (Quartetto pazzo)
1945: Rom, offene Stadt (Roma, città aperta)
1945: Zum Teufel mit der Armut (Abbasso la miseria)
1946: Der Bandit (Il bandito)
1946: Zum Teufel mit dem Reichtum (Abbasso la ricchezza)
1947: Die Gezeichnete (Assunta Spina) – Regie: Mario Mattoli
1947: Abgeordnete Angelina (L'onorevole Angelina) – Regie: Luigi Zampa
1948: Amore (L'Amore)
1948: Straßen-Träumereien (Molti sogni per la strada)
1949: Vulcano (Vulcano)
1951: Bellissima (Bellissima)
1952: Anita Garibaldi (Anita Garibaldi)
1952: Die goldene Karosse (La carrozza d'oro)
1953: Wir Frauen (Siamo donne)
1955: Die tätowierte Rose (The Rose Tattoo)

1957: Schicksal einer Nonne (Suor Letizia)
1957: Wild ist der Wind (Wild is the Wind)
1958: Die Hölle in der Stadt (Nella città l'inferno)
1960: Der Mann in der Schlangenhaut (The Fugitive Kind)
1960: Dieb aus Leidenschaft (Risate di gioia)
1962: Mamma Roma (Mamma Roma)
1967: Made in Italy (Made in Italy)
1969: Das Geheimnis von Santa Vittoria (The Secret of Santa Vittoria)
1972: Fellinis Roma (Roma)

Quelle: Wikipedia

Zitate von Anna Magnani

Der Alltag der meisten Menschen
ist stilles Heldentum in Raten.

Die Phantasie der Männer
reicht bei weitem nicht aus,
um die Realität Frau zu begreifen.

Eine Geschiedene ist eine Frau, die geheiratet hat,
um nicht mehr arbeiten zu müssen, und nun arbeitet,
um nicht wieder heiraten zu müssen.

Ein Mann am Steuer eines Autos ist ein Pfau,
der sein Rad in der Hand hält.

Wie ein Mann fährt, so möchte er sein.

Giulietta Masina (1921–1994),
Zeichnung von Marc Heiko Ulrich, Kunstzeichner.de

Giulietta Masina

Die italienische Charakterdarstellerin

Zu den führenden Charakterdarstellerinnen Italiens zählte die Schauspielerin und Journalistin Giulietta Masina (1921–1994), geborene Giulia Anna Masina. Berühmt wurde sie vor allem durch Rollen in Filmen, bei denen ihr Ehemann Federico Fellini (1920–1993) die Regie führte. Die Hauptrolle ihres Lebens spielte sie in dem Streifen „La Strada", in dem sie als tragikomische Prostituierte Gelsonima die Zuschauer lachen und weinen ließ.

Giulia Anna Masina kam am 22. Februar 1921 in San Giorgio di Piano (Provinz Bologna) zur Welt. Ihr Vater Gaetano Masina spielte als junger Mann Geige in einem Tanzorchester und arbeitete später als Kassierer in einer Kunststofffabrik. Giulia war das vierte und jüngste Kind ihrer Eltern. Vor ihr wurden ihre Schwester Eugenia sowie die Zwillinge Mario und Maria geboren. Ihre Mutter Anna Flavia Pasqualin unterrichtete in ihrem Geburtsort als Lehrerin, wie es zuvor bereits die Großmutter getan hatte.

Aufgewachsen ist Giulia bei einer verwitweten Tante in Rom, die sie streng erzog. Sie besuchte ein Lyzeum der Ursulininnen, lernte Klavier spielen und machte das

Abitur. Anschließend studierte sie Philologie und Archäologie an der Universität Rom und promovierte zum „Doktor der Philosophie".

Erste schauspielerische Erfahrungen konnte Giulia Masina an einer Studentenbühne sammeln. Nach dem Studium arbeitete sie bei Hörspielen im Rundfunk als Sprecherin.

Im Herbst 1942 lernte die 22-jährige promovierte Geisteswissenschaftlerin Dr. Giulietta Masina den gleichaltrigen Federico Fellini („Fefe") kennen, der damals noch weit von seinem späteren Ruhm entfernt war. Es handelte sich um Liebe auf den ersten Blick. Federico sah damals spindeldürr aus, wurde deswegen „Gandhi" genannt und arbeitete als Redaktionsbote, Gelegenheitskarikaturist und Verlegenheitstexter. An Giulietta faszinierte ihn, dass sie so zierlich, lieb, unschuldig, gutherzig und vertrauensvoll war und seinen Schutz brauchte. Als Federico später nicht mehr so schlank war, gefielen ihm vollbusige Filmschauspielerinnen.

Weil ein Kind unterwegs war, heirateten Giulietta Masina und Federico Fellini 1944. Die junge Ehefrau erlitt eine Fehlgeburt. Ebenfalls 1943 war Giulietta die Titelheldin in der von Fellini geschriebenen Hörspielserie „Cico und Pallina". 1944 trat Giuilietta wieder im Theater auf. Am 22. März 1945 brachte sie den Sohn Federico zur Welt, der aber bereits einige Wochen später am 24. April 1945 starb. Danach erfuhr Giulietta, sie werde nie wieder

Kinder bekommen. Als Fellini hörte, dass Giulietta und er keine gemeinsamen Kinder haben würden, erklärte er: „Meine Filme sind meine Kinder!"

Ihr Debüt auf der Kinoleinwand feierte Giulietta Masina in dem Streifen „Paisà" (1946) des italienischen Regisseurs Roberto Rossellini (1906–1977), einem Freund ihres Mannes. Dabei sah man sie allerdings nur kurz. „Paisà" war der zweite Film einer Reihe von Rossellini, zu der auch „Rom – offene Stadt" (1945) und „Deutschland im Jahre null" (1948) gehörten. Das Manuskript für „Rom – offene Stadt" stammte von Federico Fellini, der sich dadurch einen Namen machte. In dem Film „Senza pietà" („Ohne Gnade", 1948) unter der Regie von Alberto Lattuada (1914–2005) spielte Giulietta Masina bereits eine Hauptrolle. Das Drehbuch stammte von Federico Fellini. Für ihre Rolle in diesem Streifen erhielt Giulietta als beste Charakterdarstellerin das italienische Silberband.

Der erste Film, den Giulietta Masina zusammen mit ihrem Gatten Federico Fellini drehte, hieß „Luci del Varietà" („Lichter des Varieté", 1951). Fellini führte dabei Co-Regie neben Alberto Lattuada. „Luci del Varietà" handelt von einer drittklassigen Theatergruppe. Hierfür bekam Giulietta erneut als beste Charakterdarstellerin das italienische Silberband.

In „Europa 51" (1951) trat Giulietta Masina wieder in einem Film unter der Regie von Roberto Rossellini auf. Mit von der Partie war sie auch in den Streifen „Lo sceicco bianco" („Die bittere Liebe", 1951) und „Der weiße Scheich" (1952), den beiden ersten Solo-Regie-Arbeiten von Federico Fellini.

1953 lobte der Filmkritiker Giuseppe Marotta (1902–1963) die Leistungen von Giulietta Masina mit folgenden Worten: „Sie ist eine große, für das Kino geborene Schauspielerin wie die Garbo, wie die Davis, wie (einmal das Geschlecht beiseite gelassen) Gary Cooper. Ein Gesicht und ein Können, die nicht im Filmgeschäft erworben, sondern mit dem Kino natürlich verwandt sind".

International bekannt wurde Giulietta Masina durch ihre Hauptrolle als einfältiges und sensibles Straßenmädchen Gelsonima in „La Strada – das Lied der Straße" (1954). Sie spielte ein naives Bauernmädchen, das von seiner Familie für einen Teller Nudeln als Sklavin an einen Reisenden verkauft wird. Beide erleben in grauen, freudlosen Städten allerlei Abenteuer. Ein Clown will dem Mädchen beistehen und wird von seinem Herrn getötet.

Das Drehbuch für „La Strada" stammte von Federico Fellini, der auch als Regisseur wirkte. Auf der Biennale 1954 in Venedig zeichnete man diesen Streifen mit der bis dahin unbekannten Hauptdarstellerin als einen der besten Filme der Weltproduktion aus. Insgesamt erhielten Giulietta und Fellini dafür nahezu 30 Preise, darunter den „Oscar" 1956. Wegen der Erfolge von Giulietta prägten amerikanische Journalisten für Fellini die Bezeichnung „Mr. Masina".

Zum Welterfolg entwickelte sich auch der Film „Die Nächte der Cabiria" (1957), in dem Federico Fellini wiederum die Regie oblag. Dabei mimte Giulietta Masina eine naive Prostituierte, die trotz zahlreicher schlechter Erfahrungen den Glauben an das Gute im Menschen nicht verliert. Für diese Rolle wurde sie in Cannes und San Sebastián als beste Schauspielerin ausgezeichnet.

In weiteren, nicht mehr von Federico Fellini stammenden Filmen – wie „Fortunella" (1958) und „La Grande Vie" (1960) – gefiel Giulietta Masina den Kritikern nicht mehr so gut. Unter anderem wurde nun ihr clowngleiches Pathos als „trottelig" empfunden. 1958 sah man Giulietta zusammen mit Anna Magnani (1908–1973) in dem harten Film „Hölle in der Stadt" über ein Frauengefängnis.

Ende der 1950-er und Anfang der 1960-er Jahre kam Giulietta Masina auch zu Dreharbeiten nach Deutschland. Neben Karin Baal, Richard Basehart, Gert Fröbe (1913–1988) und Dietmar Schönherr wirkte sie in „Jons und Erdme" (1959) mit. Darstellerisch als der Tiefpunkt in ihrer Karriere gilt ihre Rolle in dem deutschen Streifen „Das kunstseidene Mädchen" (1960). Erfolgreicher waren ihre Streifen „Giuilietta degli spiriti" („Julia und die Geister", 1965) und „The Madwoman of Chaillot" („Die Irre von Chaillot", 1969).

In der Folgezeit hatte Guiletta Masina nur kleinere Gastauftritte auf der Kinoleinwand. Sie engagierte sich

als Botschafterin des „Weltkinderhilfswerks" („UNI-
CEF") in Italien, gestaltete eine Lebensberatungs-
Sendung des italienischen Fernsehsenders „RAI" und
arbeitete als Kolumnistin der Turiner Zeitung „La Stam-
pa". Aus ihrer Feder stammt auch das Buch „Il diario
degli altri" („Das Tagebuch der anderen", 1975).
Eine ungewöhnliche Rolle hatte Giulietta Masina
1985 in dem tschechoslowakisch-deutsch-österreichi-
schen Märchenfilm „Perinbaba" unter der Regie von
Jaraj Jakubisko: Sie spielte die Altersrolle der „Frau
Holle". Der Streifen unter Verwendung von Motiven
des Märchens „Frau Holle" der Brüder Grimm entstand
in einer Phase, in der Giulietta wenig Rollen annahm.
Für ihren Ehegatten Federico Fellini stand Giulietta
Masina in „Ginger und Fred" (1986) wieder vor der
Filmkamera. Darin verkörperten Guilietta und der
italienische Schauspieler Marcello Mastroianni (1924–
1996) zwei alternde Tänzer, die sich für eine Fernsehshow
wieder zusammentun. Durch diesen Film fühlte sich
die amerikanische Aktrice Ginger Rogers (1911–1995)
beleidigt und klagte vor Gericht.
Für Federico Fellini war Giulietta Masina fast 50 Jahre
lang eine vorbildliche Ehefrau. Falls sie aus beruflichen
Gründen getrennt wohnten, telefonierten sie mehrfach
am Tag. Wenn sie sich wieder sahen, wirbelte Federico
seine kleine „Pallina" durch die Luft. Seitensprünge mit
attraktiven Schauspielerinnen während einer Film-
produktion verzieh sie ihm.

Die Eheleute lebten lange Zeit zurückgezogen im römischen Badeort Fregene. Ab Mitte der 1980-er Jahre wohnten sie meistens in ihrer römischen Eigentumswohnung. Ihren letzten Auftritt auf der Kinoleinwand hatte Giulietta Masina in der mäßigen Komödie „Aujourd'hui peut être ..." („Benjamin", 1991) unter der Regie von Jean-Louis Bertuccelli.

1993 hätten Giulietta Masina und Federico Fellini nach 50-jähriger Ehe ihre „Goldene Hochzeit" feiern können. Weil der Lungenkrebs von Giulietta bereits weit fortgeschritten war, sollte die Feier vorverlegt werden. Doch es kam anders als geplant. Federico Fellini erlitt einen Schlaganfall und kam ins Krankenhaus. Von seinem Tod im Oktober 1993 erfuhr Giulietta Masina während der Rückfahrt von einem Besuch bei ihm im Krankenhaus aus dem Autoradio. Nach diesem Schicksalsschlag verschlimmerte sich ihre Krebserkrankung. Wenige Monate später starb sie am 23. März 1994 im Alter von 74 Jahren in Rom. Wie von ihr gewünscht, wurde sie mit einem Foto ihres Gatten in der Hand begraben. Ihr Grab befindet sich auf einem Friedhof in Rimini.

Filme von Guilietta Masina

1951: Lichter des Varieté (Luci del varietà)
1952: Die bittere Liebe (Lo sceicco bianco)
1954: La Strada - Das Lied der Straße (La strada)
1957: Die Nächte der Cabiria (Le notti di Cabiria)
1959: Das kunstseidene Mädchen
1965: Julia und die Geister (Giulietta degli spiriti)
1969: Die Irre von Chaillot (The Madwoman of Chaillot)
1985: Ginger und Fred (Ginger e Fred)
1985: Frau Holle (Perinbaba)

Quelle: Wikipedia

Literatur

BEIER, Lars-Olaf: Sophia Loren. Eine Hommage, Berlin 1994

BERTELLI, Giovanna (Herausgeber): Sophia Loren, München 2003

DER SPIEGEL: Register. Gestorben. Giulietta Masina, S. 256, 1. Mai 1994, Hamburg

FEMBIO Frauen-Biographie-Forschung
http://www.fembio.org

HEINZLMEIER, Adolf / SCHULZ, Bernd / WITTE, Karsten: Die Unsterblichen des Kinos, Band 2, Glanz und Mythos der Stars der 40er und 50er Jahre, Frankfurt am Main 1980

HOTCHNER, Aaron E.: Sophia Loren. Ihre Filme, ihr Leben, München 1969

INTERNET MOVIE DATABASE
(Film-Datenbank)
http://www.imdb.com

LOLLOBRIGIDA, Gina: Mein Italien, Berlin 1978

MÖHRMANN, Renate: Ingrid Bergman und Roberto Rossellini: Eine Liebes- und Beutegeschichte, Berlin 1999

MOSCATI, Italo: Sophia Loren. Eine Biographie, München 1995

PROBST, Ernst: Superfrauen 7 – Film und Theater, Mainz-Kostheim 2001

PROBST, Ernst: Königinnen des Films, München 2012

PUBLIKUMSLIEBLINGE NICHT NUR VON GESTERN http://www.steffi-line.de
Internetseite von Stephanie D'heil, Düsseldorf

RÖNN, Peter von: Anna Magnani. Die römische Duse – Eigene Tragik steigerte ihre Kunst. Interpress Kultur, Internationaler biographischer Pressedienst, 26. Februar 1968, Hamburg

SEIDEL, Hans Dieter: Spiel mit dem Kopf, mit Hüfte und Zeh. Stolz, Leidenschaft und Disziplin: Sophia Loren zum sechzigsten Geburtstag. Frankfurter Allgemeine Zeitung, 20. September 1994, Frankfurt am Main

WIKIPEDIA (Online-Lexikon)
http://wikipedia.org

WINNERT, Derek (Herausgeber): Sophia Loren. Aus: Kino. Die große Welt der Filme und Stars, S. 120, Niedernhausen 1995

WINNERT, Derek (Herausgeber): Anna Magnani. Aus: Kino. Die große Welt der Filme und Stars, S. 124, Niedernhausen 1995

WINNERT, Derek (Herausgeber): Giulietta Masina. Aus: Kino. Die große Welt der Filme und Stars, S. 127, Nie-dernhausen 1995

Bildquellen

Klaus Benz, Fotograf, Mainz-Laubenheim: 62

Georges Biard / CC-BY-SA3.0: 8 (via Wikimedia Commons), lizensiert unter CreativeCommons-Lizenz by-sa-3.0-de, http://creativecommons.org/licenses/by-sa/3.0/legalcode

Ivo Bulanda / CC-BY-SA3.0 (Foto aus dem 1960-er Jahren): 1 oben links, 12 (via Wikimedia Commons), lizensiert unter CreativeCommons-Lizenz by-sa-3.0-de, http://creativecommons.org/licenses/by-sa/3.0/legalcode

Marc Heiko Ulrich, Hassel (Weser), Kunstzeichner.de: 1 unten links, 1 unten rechts, 34, 50

Allan Warren / CC-BY-SA3.0 (Foto von 1986): 1 oben rechts, 22 (via Wikimedia Commons), lizensiert unter CreativeCommons-Lizenz by-sa-3.0-de, http://creativecommons.org/licenses/by-sa/3.0/legalcode

Autor Ernst Probst

Der Autor Ernst Probst

Ernst Probst, geboren am 20. Januar 1946 in Neunburg vorm Wald im bayerischen Regierungsbezirk Oberpfalz, ist Journalist und Wissenschaftsautor. Er arbeitete von 1968 bis 1971 als Redakteur bei den „Nürnberger Nachrichten", von 1971 bis 1973 in der Zentralredaktion des „Ring Nordbayerischer Tageszeitungen" in Bayreuth und von 1973 bis 2001 bei der „Allgemeinen Zeitung", Mainz. In seiner Freizeit schrieb er Artikel für die „Frankfurter Allgemeine Zeitung", „Süddeutsche Zeitung", „Die Welt", „Frankfurter Rundschau", „Neue Zürcher Zeitung", „Tages-Anzeiger", Zürich, „Salzburger Nachrichten", „Die Zeit", „Rheinischer Merkur", „Deutsches Allgemeines Sonntagsblatt", „bild der wissenschaft", „kosmos", „Deutsche Presse-Agentur" (dpa), „Associated Press" (AP) und den „Deutschen Forschungsdienst" (df). Aus seiner Feder stammen die Bücher „Deutschland in der Urzeit" (1986), „Deutschland in der Steinzeit" (1991) und „Deutschland in der Bronzezeit" (1996). Von 2001 bis 2006 betätigte sich Ernst Probst als Buchverleger sowie zeitweise als internationaler Fossilienhändler und Antiquitätenhändler. Insgesamt veröffentlichte er rund 200 Bücher, Taschenbücher, Broschüren und E-Books.

Bücher von Ernst Probst

(Auswahl)

Als Mainz noch nicht am Rhein lag

Annie Oakley
Die Meisterschützin des Wilden Westens

Archaeopteryx. Der Urvogel
aus Bayern

Christl-Marie Schultes. Die erste Fliegerin in Bayern
(zusammen mit Theo Lederer)

Cortés und Malinche. Der spanische Eroberer
und seine indianische Geliebte

Der Europäische Jaguar

Der Mosbacher Löwe
Die riesige Raubkatze aus Wiesbaden

Der Rhein-Elefant
Das Schreckenstier von Eppelsheim

Der Schwarze Peter
Ein Räuber im Hunsrück und Odenwald

Der Ur-Rhein
Rheinhessen vor zehn Millionen Jahren

Deutschland im Eiszeitalter

Deutschland in der Frühbronzezeit

Deutschland in der Mittelbronzezeit

Deutschland in der Spätbronzezeit

Die Aunjetitzer Kultur in Deutschland

Die Straubinger Kultur in Deutschland

Die Singener Gruppe

Die Arbon-Kultur in Deutschland

Die Ries-Gruppe und die Neckar-Gruppe

Die Adlerberg-Kultur

Der Sögel-Wohlde-Kreis

Die nordische Bronzezeit in Deutschland

Die Hügelgräber-Kultur in Deutschland

Die ältere Bronzezeit in Nordrhein-Westfalen

Die Bronzezeit in der Lüneburger Heide

Die Stader Gruppe

Die Oldenburg-emsländische Gruppe

Die Urnenfelder-Kultur in Deutschland

Die ältere Niederrheinische Grabhügel-Kultur

Die Unstrut-Gruppe

Die Helmsdorfer Gruppe

Die Saalemündungs-Gruppe

Die Lausitzer Kultur in Deutschland

Die Dolchzahnkatze Megantereon

Die Dolchzahnkatze Smilodon

Die Säbelzahnkatze Homotherium

Die Säbelzahnkatze Machairodus

Die Schweiz in der Frühbronzezeit

Die Rhône-Kultur in der Westschweiz

Die Arbon-Kultur in der Schweiz

Die Schweiz in der Mittelbronzezeit

Die Schweiz in der Spätbronzezeit

Dinosaurier von A bis K. Von Abelisaurus
bis zu Kritosaurus

Dinosaurier von L bis Z. Von Labocania
bis zu Zupaysaurus

Eiszeitliche Geparde in Deutschland

Eiszeitliche Leoparden in Deutschland

Frauen im Weltall

Hildegard von Bingen. Die deutsche Prophetin

Höhlenlöwen. Raubkatzen
im Eiszeitalter

Julchen Blasius
Die Räuberbraut des Schinderhannes

Katharina II. die Große.
Die Deutsche auf dem Zarenthron

Johann Jakob Kaup
Der große Naturforscher aus Darmstadt

Königinnen der Lüfte in Deutschland

Königinnen der Lüfte in Europa

Königinnen der Lüfte in Amerika

Königinnen der Lüfte von A bis Z

Rund 70 Kurzbiografien berühmter Fliegerinnen,
Ballonfahrerinnen, Luftschifferinnen,
Fallschirmspringerinnen, Astronautinnen und
Kosmonautinnen

Königinnen des Films

Königinnen des Tanzes

Königinnen des Theaters

Malende Superfrauen

Meine Worte sind wie die Sterne

Die Entstehung der Rede des Häuptlings Seattle
(zusammen mit Sonja Probst)

Monstern auf der Spur
Wie die Sagen über Drachen, Riesen
und Einhörner entstanden

Neues vom Ur-Rhein
Interview mit dem Geologen und Paläontologen
Dr. Jens Sommer

Österreich in der Frühbronzezeit

Österreich in der Mittelbronzezeit

Österreich in der Spätbronzezeit

Pompadour und Dubarry. Die Mätressen
von Louis XV.

Raub-Dinosaurier von A bis Z.
Mit Zeichnungen von Dmitry Bogdanav
und Nobu Tamura

Rekorde der Urmenschen
Erfindungen, Kunst und Religion

Rekorde der Urzeit
Landschaften, Pflanzen und Tiere

Säbelzahnkatzen. Von Machairodus
bis zu Smilodon

Säbelzahntiger am Ur-Rhein. Machairodus
und Paramachairodus

Superfrauen aus dem Wilden Westen

Superfrauen 1 – Geschichte

Superfrauen 2 – Religion

Superfrauen 3 – Politik

Superfrauen 4 – Wirtschaft und Verkehr

Superfrauen 5 – Wissenschaft

Superfrauen 6 – Medizin

Superfrauen 7 – Film und Theater

Superfrauen 8 – Literatur

Superfrauen 9 – Malerei und Fotografie

Superfrauen 10 – Musik und Tanz

Superfrauen 11 – Feminismus und Familie

Superfrauen 12 – Sport

Superfrauen 13 – Mode und Kosmetik

Superfrauen 14 – Medien und Astrologie

Tony und Bruno Werntgen. Zwei Leben für die Luftfahrt
(zusammen mit Paul Wirtz)

Was ist ein Menhir?
Interview mit dem Mainzer Archäologen
Dr. Detert Zylmann

Weisheiten der Indianer

Wer ist der kleinste Dinosaurier?
Interviews mit dem Wissenschaftsautor Ernst Probst

Wer war der Stammvater der Insekten?
Interview mit dem Stuttgarter Biologen
und Paläontologen Dr. Günther Bechly

Zenobia von Palmyra.
Eine Frau kämpft gegen die Römer

Bestellungen bei: http://www.grin.com